Heinz Zimmermann

Was kann die Pädagogik des Jugendalters zur Willenserziehung beitragen

MENON
Heidelberg 2002

Beiträge zur Gegenwart
herausgegeben von Lydia Fechner
Redaktion: Christa v. Grumbkow

Titelvignette von Brigitte Dietz

© 2002 Friedrich von Hardenberg Institut e.V.
ISBN 3-921132-22-3

Die Deutsche Bibliothek – CIP-Einheitsaufnahme

Ein Titeldatensatz für diese Publikation ist bei der
Deutschen Bilbliothek erhältlich

MENON Verlag im Friedrich von Hardenberg Institut e.V.
Hauptstraße 59, 69117 Heidelberg
Telefon 06221-2 13 50, Telefax -2 16 40
email: menon-verlag@hardenberginstitut.de
Internet: www.hardenberginstitut.de

Vorwort

Die Entwicklung des jugendlichen Menschen wirft immer wieder Fragen auf, die es in Ausbildung, Schule und Elternhaus zu berücksichtigen gilt. Während gegenwärtige Studien vor allem Defizite der intellektuellen Bildung herausstellen, darf eine andere Seite der Pädagogik nicht aus dem Blick geraten: die Erziehung des Willens. Heinz Zimmermann greift hierzu einige zentrale Punkte auf und bringt sie in lebensnaher Form ins Gespräch. Die Schrift beruht auf jahrzehntelanger Erfahrung mit Oberstufenschülern. Sie enthält grundlegende Gesichtspunkte zur Entwicklung des Menschen im Jugendalter ebenso wie konkrete Beispiele aus der pädagogischen Praxis.

Der Inhalt dieses Heftes basiert auf einem Vortrag, den Heinz Zimmermann im Jahre 1997 auf einer Tagung über Drogenprobleme im Jugendalter gehalten hat. Er ist in etwas anderer Form zuerst erschienen im Sammelband *Sucht im Jugendalter – Entstehung und Umgang*, herausgegeben von Jaap van der Haar, Dornach 1999. Da der Vortrag wesentliche Einsichten in Chancen und Gefährdungen des Jugendalters enthält, die auch unabhängig vom Anlaß seiner Entstehung Bedeutung haben, baten wir den Verfasser, uns den Text für einen Separatdruck zur Verfügung zu stellen. Wir danken ihm für seine Bereitschaft und für die erneute Überarbeitung.

Heidelberg, im Dezember 2001

Karl-Martin Dietz

Fremdwille oder Eigenwille

Die Frage, ob Jugendliche zu einer Droge greifen oder nicht, ist in erster Linie eine Frage des Eigenwillens. Da liegt eines der großen Mißverständnisse des Oberstufenunterrichts. Man geht immer davon aus: Oberstufenunterricht ist Erziehung zum Intellekt: denn das ist ja die erwachende Urteilskraft. In Wirklichkeit aber geht es darum, daß man den Willen aufbringt, den Intellekt zur rechten Zeit und in der rechten Art anzuwenden: Es ist Willenserziehung, Willenserweckung, worum es in erster Linie geht. Aufgrund dieses Mißverständnisses, aufgrund eines Intellektualismus unserer Zeit wird die schon vorhandene Öffnung gegenüber der Versuchung noch verstärkt.

Zunächst möchte ich mit einer kurzen Tagebuchstelle eines Jugendlichen beginnen, der später zu dichterischen Ehren gekommen ist. Er hat von 1756 bis 1793 gelebt. Wir werden anhand dieses Zitates einige wesentliche Elemente herausarbeiten können. Dieser Mann namens Karl Philipp Moritz schrieb den ersten autobiographischen Roman *Anton Reiser*, außerdem heute noch lesenswerte Abhandlungen zur Metrik und Poetik, die Goethe viel verwendet hat. Moritz schreibt in sein Tagebuch unter dem Titel «Willensfreiheit»:

«Ich stand verschiedenemal auf einem hohen Turme, wo mir das Geländer bis an die Brust ging, und ich also vor dem Herunterstürzen völlig gesichert war: demohngeachtet aber fiel mir plötzlich ein schrecklicher Gedanke ein: wie wenn ich mich notwendig gedrungen fühlte, oben auf den Rand des Geländers zu steigen, und so herunterzuspringen!» (Karl Philipp Moritz, *Werke*, Band 3, Frankfurt 1981, S. 119.)

Das ist eine typische Situation! Man überlegt sich: Wie wäre es, wenn ...? Und wenn dieses «wäre» wegfällt, dann macht man es! Das ist doch das Urbild der Versuchung. Man denkt es, und vielleicht tut man es dann. Jetzt ist aber der Gedanke noch komplizierter: Man überlegt, daß einem dieser Gedanke kommen könnte und daß man mit Notwendigkeit dahin geführt würde, daß also der Wille durch einen anderen bestimmt würde. Das ist das Erlebnis. Es heißt dann weiter:

«Es wurde weiter nichts erfordert, als mein Wille, dies Vorhaben nicht ins Werk zu richten,» – der Wille, es nicht zu tun: Verzicht –, «und doch erfüllte mich dieser Gedanke mit Schaudern und Entsetzen, es war, als ob ich meiner eignen Willensfreiheit nicht traute, oder mich vor meinem eignen Willen fürchtete; ich konnte den Zustand keine Minute länger ertragen und müßte schnell herabsteigen.» (Karl Philipp Moritz, a.a.O.)
Das ist wirklich eine Situation eines Jugendlichen! Dieses: Wie wäre es, wenn ...? Ist denn mein eigener Wille stark genug? Gibt es nicht stärkere Instanzen, die etwas tun, was ich gar nicht will? Das ist doch die Grundsituation jeder Versuchung! Und wo tritt sie stärker auf als gerade im Jugendalter? Dazu noch ein zweites Beispiel, ein etwas humorvolleres.

«Ebenso ging es mir in jüngern Jahren zuweilen in der Kirche, wo ich mir das Aufsehen und die Unordnung lebhaft vorstellte, die daraus entstehen würde, wenn ich mitten während der Predigt anfinge, laut zu reden; auf einmal war es mir so, als würde ich laut reden müssen, ich war darüber in der entsetzlichsten Furcht, und dieser Gedanke quälte mich oft die ganze Predigt über.» (Karl Philipp Moritz, a.a.O.)
Auch hier sehen wir wieder die Auseinandersetzung: Was ist eigener Wille, was ist Fremdwille? Wie stelle ich mich zu diesem Willen, wie stark bin ich, wie schwach bin ich? Es ist eine Ursituation nicht nur des Pubertierenden, sondern des Menschen überhaupt. Man findet sich doch in hundert Situationen so, daß man feststellt – nicht nach dem Sechstagewerk: «Und siehe, es war sehr gut!», sondern: «Und siehe, es war sehr schlecht, ich wollte es eigentlich gar nicht; aber es ist trotzdem zustande gekommen.» Daß man sich etwas aus dem Geführtwerden herauszieht und daß die Engelführung offensichtlich zu schwach ist: das ist Ursituation der Gegenwart. Ich kann aus meiner langen Praxis an der Oberstufe sagen, daß in den letzten Jahren von

einzelnen Schülerinnen oder Schülern immer wieder die Frage gestellt wurde: Ich weiß ganz genau, was ich tun müßte, aber ich kann es nicht! Ich bin zu schwach. Können Sie mir helfen?

Das ist ja genau das gleiche, warum man sich entscheidet, etwas zu tun, wovon man ganz genau weiß: Es ist schlecht. Damit möchte ich deutlich machen: In der ganzen Drogenfrage z.B. sollte man das Problem nicht isolieren. Es ist ein Gesamtproblem, nämlich die Frage der Erziehung: Wie gelingt es, den Willen oder das Ich in den Willen so stark zu verankern, daß das, was an Instanzen von Fremdbestimmung kommt, nicht wirksam wird?

Wenn immer wieder von starkem und schwachem Willen gesprochen wird, dann muß man sagen: Starker oder schwacher Wille heißt nicht, der Wille ist stark oder schwach. Man muß sich nur einmal vorstellen, was ein Abhängiger alles aufwendet, um zu seinem Stoff zu kommen: Ein gewaltiger Wille, ein starker Wille wirkt da, kann man sagen. Ich kann mich erinnern: Ich war ein starker Raucher, und wir waren in der Rekrutenschule an einem ganz unmöglichen Ort, und die Zigaretten waren ausgegangen. Ich bin sicher zwei Stunden gewandert, um zu diesem Stoff zu kommen. Es geht nicht um den starken Willen in dem Sinne, daß der Wille sich entfaltet. Denn dann könnte man sagen, den stärksten Willen hat das Kleinkind: dieses Nicht-müde-Werden.

Ein starker Wille ist der durch das Ich beherrschte Wille. Wie greife ich den Willen? Das ist die Frage. Und die Stärke hängt davon ab, wie es mir gelingt, den leibgebundenen Willen durch einen ichverbundenen Willen zu ersetzen. Denn der Wille, der mich treibt, sieben Kilometer zu gehen, um Zigaretten zu kaufen, ist ja offensichtlich ein leibgebundener Wille, ganz ohne Frage. Und das Problem, das sich stellt: Wie kann dieser leibgebundene Wille sich verwandeln in einen ichverbundenen oder geistverbundenen Willen? – das ist eigentlich der Erziehungsauftrag im dritten Jahrsiebt.

Die Souveränität des Ich

Nun sehen wir ja auch sogleich, daß diese Frage nach dem Willen auch mit der Frage der Freiheit verbunden ist, und wenn wir uns ein paar Situationen vergegenwärtigen, dann können wir auch bemerken, wie Freiheit aus den verschiedenen Illusionsstufen erlebt werden kann. Man fährt zum Beispiel Ski in einem unerhörten Tempo, hat ein Gefühl des Ausgewogenseins, totaler Souveränität, Freiheit, bis man dann unglücklich stürzt und sich etwas bricht. Das gleiche gilt für das Autofahren: Geschwindigkeit, Rausch, Freiheit! Oder man sitzt in einer Runde, trinkt ein Bier, bezahlt für die ganze Runde: Wieder ein Freiheitsgefühl. Illusion oder illusionär ist Freiheitsgefühl durch Machtausübung, Freiheitsgefühl in der leiblichen Empfindung. Was bin ich für ein Kerl, im Muskelspiel! Das tritt ja gerade auch in der Pubertät auf: Was kann ich alles! Eine Mutter hat mir einmal erzählt, daß ihr Sohn eines Tages nach Hause kam, ein Neuntklässler. Er habe sie gepackt und gesagt: «Ich könnte dich jetzt zerdrücken! Aber ich mach's jetzt nicht.» Also: ich *könnte* ..., ich könnte dich zerdrücken. Er hatte auch das Gefühl der Freiheit. Die Frage ist aber: Wie frei ist diese Freiheit?

Von diesen Erlebnissen können wir zu anderen Erlebnissen übergehen. Wenn man ein Werkstück zu Ende gebracht hat, erlebt man auch ein bestimmtes Gefühl der Souveränität, ein völlig anderes natürlich: Man hat etwas geleistet, das man jetzt sehen kann; man kann etwas, man erlebt eine Straffung des Willens! Oder man hat auf etwas freiwillig verzichtet. Es gibt kaum ein Souveränitätserlebnis, das so intensiv ist wie die Fähigkeit zum Verzicht im aktuellen Fall.

Ich hatte ein wunderbares Elternhaus, einen Vater, der – ich weiß nicht, wodurch angeregt, vielleicht durch Goethe – beschlossen hatte: Wenn die Kinder, jedenfalls die älteren, und ich gehörte zu den älteren, in die Pubertät kommen, müssen sie einige Proben bestehen. Und eine dieser Proben bestand darin, daß man innerhalb von vierzehn Tagen dreimal auf den Nachtisch verzichten mußte. Ich kann mich noch heute erinnern, was für ein Souveränitätsgefühl das war: Ich kann bestimmen: nein, jetzt keinen Nachtisch. Wunderbar! Es war ein herrliches Gefühl der Souveränität: Ich bin ich. Verzicht ist Grundlage eines freien Willens oder eines Gefühles: Ich bin ich.

Man sieht dann auf der anderen Seite – wenn wir von starkem und schwachem Willen sprechen –, wie man anstößt, sobald etwas aus der Gewohnheit herausfällt. Man kann zum Beispiel denken: Das ist nur ein Problem für Rauschgiftsüchtige und starke Raucher, aber man muß nur einmal die Reaktion beobachten, wenn es bei einem Menschen klingelt, der gerade bei der Sportübertragung von irgendeinem Worldcup-Rennen im Skisport sitzt oder der seine Lieblingssendung *Lindenstraße* anschaut, was das für einen Mangel für ihn bedeutet, auch nur für kurze Zeit darauf verzichten zu müssen. Oder: Was geschieht in einem Menschen, wenn einmal die Zeitung nicht da ist oder sie einer weggenommen hat zur bestimmten Zeit? Dann merkt man: Da sind Gewalten latent vorhanden, von denen man nichts geahnt hat. Man sieht: In Wirklichkeit macht das Drogenproblem nur etwas deutlich, was grundsätzlich anwesend ist in bezug auf die ganze Willenskultur.

So kann man sagen: Gerade der gestandenste Bürger ist in bezug auf Willensstärke vielleicht der größte Antiheld. Wir müssen da gar nicht nach den Randgruppen der Gesellschaft Ausschau halten, sondern sehen: Es ist ein Gesamtproblem, nämlich das Problem, wie ergreife ich meinen Willen? Was sind überhaupt die Motive, meinen Willen zu ergreifen?

Es ist ganz offensichtlich, daß ein wesentliches Element der ganzen Erziehung und insbesondere der Waldorferziehung, wenn sie glückt, darin besteht, Anregung zum Verzicht zugunsten eines höheren Genusses zu geben. Es kann niemals das Erziehungsideal sein: ausgemergelte Mönchsfiguren, härenes Gewand, nichts genießen zu dürfen; vielmehr verzichtet man, um einen höheren Genuß zu ermöglichen. Bedeutsam ist, wenn man mit einem Kind auf ein Ereignis zugeht: Jetzt ist Dienstag, am Sonntag kommt dann dieses Geburtstagsfest. Morgen ist Mittwoch, jetzt habe ich nur noch viermal zu schlafen. Es wird Donnerstag, Freitag, Samstag morgen, und jetzt ist der Tag da! Erst die Einladung, und dann die Feier. Und am nächsten Tag sagt man: Das war toll gestern! Zurückblicken ist wichtig. Mit Vorfreude auf etwas zugehen, dann kommt das Ereignis und nachher das Nachklingen.

Und nun vergleiche man mit dieser Qualität einmal, wie es ist, wenn irgendwo in den Ferien das Kind das vierte oder fünfte Eis am Tag schleckt: Das ist gar kein Genuß. Die Qualität des Verzichtes dient als Grundlage der Steigerung des wirklichen Genießens. Eine wunderbare Lehrschule ist in dieser Beziehung der ganze *Faust*: Die Stufen des Genusses bis hin zu dem Tatengenuß, zu dem Genuß dessen, daß man sich für andere hingibt und das genießen kann. Der Genuß ist also nicht etwas zu Verteufelndes, sondern etwas, was immer mehr aus dem Bereich der leiblichen Abhängigkeit so zu entwickeln ist, daß er gewollt und geführt ist und dadurch sich erhöht. Das ist ein wesentliches Element in der allerersten Zeit, im ersten und zweiten Jahrsiebt, als Prophylaxe, Prävention gegen den Abusus von Drogen.

Urteilsfähigkeit im Jugendalter

Nun möchte ich mich auf das dritte Jahrsiebt beschränken. Ich habe selbst bei vielen Schülern die Erfahrung gemacht, daß es eine offene Frage ist, ob eine schon latente Disposition wirklich zur Erfüllung führt oder nicht. Das kann maßgeblich davon abhängen, was für Begegnungen in diesem Lebensalter stattfinden.

Die Pubertät, also den Beginn des Jugendalters, könnte man – grammatikalisch ausgedrückt – als ein Lebensbewußtsein des Konjunktivischen bezeichnen: «Wie wäre es, wenn ...?» Wenn man so über die Kindergesichter oder Jugendlichengesichter blickt, dann sieht man einzelne wirklich Bildern nachhängen, und man weiß es ja selber, was man seinerzeit alles ins Tagebuch geschrieben hat. Wie wäre es, wenn ich zum Beispiel ein großer Künstler würde? Wie wäre es, wenn jetzt gerade in diesem Moment zweitausend Menschen auf mich schauen und mich bedeutend finden würden? Wie wäre es, wenn ...? Dieses Hypothetische, dieses Träumen, verbunden mit Wünschen, aber auch Hoffnungen oder Erwägungen, ist ja wieder das gleiche, was Moritz beschrieben hat – dieses Hypothetische, das dann darin münden kann, daß man vergißt: Was ist eigentlich das Als-Ob und das, was wirklich ist: Was ist Hypothese, und was ist Wirklichkeit?

Es ist interessant, daß man beobachten kann, daß zum Beispiel die Urteilsfähigkeit des Jugendlichen in der ersten Phase, bis ungefähr zur zehnten Klasse, ganz ausgezeichnet sein kann in bezug auf die reine Logik, auf Schlußfolgerungen, auf das, was jeder Computer auch können muß, aber der Bezug auf die Wirklichkeit, ob ein Urteil wirklich gültig ist, ob es der Wirklichkeit entspricht, das ist ja eine ganz andere Sache. Gilt es insbesondere auch in bezug auf die eigene Existenz, die eigene Einschätzung? Was kann ich wirklich, und was meine ich zu können? Oder was meine ich nicht zu können? Dieses Fließende zwischen Vorstellung, Wunsch und Wirklichkeit könnte man als etwas Wesentliches für dieses Alter bezeichnen. Die ganze Doppelnatur des Menschen in diesem Lebensalter drückt sich besonders massiv in dieser Diskrepanz zwischen Wirklichkeit und Wunsch, Vorstellung und Ideal, in diesem Auseinanderklaffen zwischen Innen und Außen aus.

Was einen so entsetzt und auch als Erzieher und insbesondere als Eltern so plagt, ist ja, daß die leibliche Reife nicht dem entspricht, was eine wirkliche Verantwortlichkeit tragen müßte, sondern daß eigentlich der Leib der Seele vorauseilt. Wieviel weniger Probleme gäbe es zum Beispiel, wenn der Mensch erst mit zwanzig geschlechtsreif würde! Da ist ja wirklich eine starke Diskrepanz zwischen dem, was man verantworten kann, und dem, was man biologisch machen könnte. Und das bezieht sich ja nicht nur auf dieses eklatante Gebiet, sondern auf vieles.

Wenn man die Ich-Erfahrung ein bißchen genauer anschaut, dann sieht man, daß sie mit dem Rollenspiel beginnt, was ja nichts anderes ist als eine Hingabefähigkeit. Dazu gehört, einmal auszuprobieren, was für Kleider mir eigentlich passen. Der Drang, sich in der Gruppe zu finden; der Solidaritätseffekt ist in keinem Alter so stark wie gerade mit vierzehn, fünfzehn, sechzehn. Die Entgrenzung, die Suche nach den eigenen Grenzen ist auch ein Motiv, das in diesem Lebensalter sehr stark kommt. Das kann in ganz kleinen Dingen sein. Man sollte zum Beispiel nach Verabredung um zehn Uhr zu Hause sein, man kommt aber erst fünf Minuten nach zehn. Dann sagt die Mutter nichts, weil sie nicht pingelig sein will. Am nächsten Tag ist es dann zehn nach zehn. Und dann denkt sie: Soll ich jetzt etwas sagen? Ich warte nochmals. Dann ist es wieder fünf nach, dann wird es vielleicht einmal viertel nach. Das wäre eine Möglichkeit. Eine andere Möglichkeit – eine ganz banale Situation im Klassenzimmer – beginnt mit Reden. Einige beginnen während des Unterrichts leise zu sprechen. Da will man nicht gleich unpopulär sein und eingreifen. Dann wird es aber ein wenig lauter, immer ein wenig lauter, jeden Tag, bis man sich entscheidet: Jetzt reicht es! Das ist diese Suche: Wo ist eigentlich die Grenze?

Nun muß man sehen, daß die heutige Welt genau das fördert: Auf nichts verzichten! Grenzen? Alles ist unbegrenzt! Also lieber zehn Tafeln Schokolade essen als nur eine! Alles ist da. Pluralismus heißt hier, man kann alles machen, es gibt keine Hemmungen, keine Grenze. Wir sehen diese Problematik rein von der menschenkundlichen Situation.

Was geschieht eigentlich in der Pubertät in bezug auf Motorik – also Bewegung –, aufrechten Gang, Sprache und Denken? Da kann man sehen: Es gibt ein gemeinsames Phänomen in allen drei Bereichen. Wenn man Menschen beim Sport oder beim Spiel beobachtet, dann sieht man harmonische Bewegungen von Elfjährigen, Zwölfjährigen, sobald aber der Stimmwechsel kommt, wird alles schwer, es paßt nicht, es wird schlaff, die Aufrechte verschwindet. Was passiert mit der Stimme? Nun kommen wir in ein ganz aktuelles Gebiet hinein. Wenn wir die männliche Stimme verfolgen – beim Mädchen ist es etwas verhaltener, aber auch da ist es eine Terz nach unten – so wird sie nicht nur tiefer, sondern sie wird auch unartikulierter. Man hört dann immer die netten Tanten und Großmütter: Sprich doch ein bißchen deutlicher! Man versteht dich gar nicht! Und dann kommt erst recht ein Brummen. Was ist das für ein Vorgang? Man kann das ganz genau verfolgen: Es ist der Verlust der Konsonanten, der stufenweise Verlust der Konsonanten.

Und das ist nicht etwa leise, es kann sehr laut sein, es kann Gebrüll sein, aber es ist nicht das rechte Maß. Entweder ist es ein Nuscheln – man versteht gar nichts – oder Gebrüll, das man auch nicht versteht. Gerade wenn man Jungen unter der Dusche oder im Bad hört, dann spürt man ein stark Vokalisches von innen her, fast ein Röhren. Das hängt damit zusammen, daß die Konsonanten verschwinden. Da kommt man zum gleichen Phänomen wie beim Rausch. Der Rausch ist nichts anderes als der sukzessive Verlust der Konsonanten, der Formkraft in der Sprache.

Pubertät als Rauschzustand und Erdenreife

Im Grunde genommen ist die Pubertät ein Rauschzustand. Das ist sie ja tatsächlich. Und damit muß man umgehen. Davon rührt die Disposition her, sich verführen zu lassen, weil etwas weggegangen ist, aus den Muskeln zum Beispiel die Haltekraft. Man vergleiche das selbstverständliche Bewegungsspiel des Fünftklässlers mit dem jämmerlichen Dahinschlurfen eines Neuntklässlers. Wenn man das nebeneinanderhält, dann sieht man: Die Kräfte haben den Menschen verlassen. Oder man muß genauer sagen: Kosmische, alte Kräfte, führende Kräfte haben ihn verlassen, und das Ich ist noch nicht da. Und nun kommt diese Zwischenzeit, das Vakuum, wo alles hineinkommt oder kommen kann. Nun geht es darum, wie man das füllen kann.

Kommt man zum dritten Phänomen, zu der Denkfähigkeit, dann hat man wiederum ein Aufwachen. Aber es tritt zunächst nicht das Denken auf, wodurch man die Welt plötzlich versteht. Das

Denken erscheint nämlich an der Stelle, wo es kritisch, analytisch ist, wo man ganz genau sieht, was der andere falsch macht, wo man überschlau ist, wo man spitzfindig ist, wo es ewige Diskussionen gibt, die man nur damit beenden kann, daß man sagt: «Schluß jetzt! Es ist zwar schön, aber wir machen trotzdem das, was wir von Anfang an gesagt haben!» Denn es hat gar keinen Sinn, in der Diskussion weiterzufahren, es wiederholt sich alles und der Pubertierende weiß auch genau, daß es nicht darum geht. Leider gibt es viele Erwachsene, die es nicht aushalten und meinen, man müsse entweder doch diskutieren oder vielleicht sogar nachgeben, weil es ja bei dieser Diskussion gar kein Ende gibt. Das ist ein kritisches Urteilen, das an der Stelle des Todes ansetzt. Es ist im Grunde genommen das Denken am Todespol, das zuerst auftritt.

Faßt man alles zusammen, so hat man das, was Rudolf Steiner mit dem schönen Ausdruck «Erdenreife» bezeichnet: Man ist reif für die Erde. Reife, Erdenreife ist in dem Sinne zu verstehen, daß man sich nun selbst Urteile bilden kann, daß man diese Glieder selbst erfüllen muß, wenn etwas mit ihnen geschehen soll, und daß die Stimme jetzt die eigene Stimme ist. Vorher war es ja eigentlich eine vererbte Stimme, jetzt wird es die eigene Stimme.

Sieht man das neu entstehende Denken an, dann sieht man ganz klar, daß die Kraft des Denkens, der Wille im Denken noch völlig unentwickelt ist. Es ist das Denken, das nicht willentlich erfüllt ist, um sich selbst Gesichtspunkte zu erarbeiten, das nur bestrebt ist, das Bestehende zu kritisieren oder zu analysieren. Der Wille ist noch nicht im Denken, und das führt dazu, daß sehr häufig das aufkeimende echte Denken durch das Gefühl überwältigt wird, daß das Denken noch gar nicht fähig ist, sich selbst zu behaupten.

Geburt der Innerlichkeit

Man kann das alles zusammenfassen in dem Ausdruck «Geburt des Astralleibes», Geburt – also Freiwerden, Emanzipation – der Instanz im Menschen, die Träger des Urteilens, des Gefühles, des Willens, Träger also der Innerlichkeit ist. Das emanzipiert sich, ist aber noch nicht verbunden mit einem selbstbewußten Ich. Man könnte die ganze Periode zwischen vierzehn und einundzwanzig – nimmt man den Siebener-Rhythmus, wobei es natürlich viele Übergänge gibt – als die «Sehnsucht nach dem Ich» bezeichnen. Die Pädagogik des dritten Jahrsiebts muß darauf abzielen, diese Sehnsucht zu befriedigen. Wenn das nicht geschieht, dann treten an die Stelle des Ich Ersatz-Iche. Wir sprechen hier von den Drogen, es gibt aber auch andere Ersatz-Iche, Idole, Sekten, alles mögliche an Okkultismen, alles, was eigentlich Mangelerscheinung ist und dann nach irgendwelchen Übungen sucht, die nicht im rechten Sinne erfüllt werden.

Hier bekommt nun die Stellvertretung des Erwachsenen, der sein Ich schon entwickelt hat, eine ganz besondere Bedeutung. Wenn man nämlich diesen Geburtsbegriff ernst nimmt, dann heißt es nichts anderes, als daß aus dem Seelisch-Geistigen eintritt, was entsprechend bei der leiblichen Geburt stattfindet. Das neugeborene Menschenkind braucht Wärme, Schutz, Zuwendung. Wenn wir das physisch auf den Pubertierenden übertragen, ist es natürlich schrecklich! Was bedeutet Schutz, Ernährung, Wärme im Sinne des Seelisch-Geistigen, das noch nicht entwickelt ist? Die Aufgabenstellung heißt, «in Stellvertretung des Ich» zu wirken. Es muß Anregung zu einer Eigentätigkeit da sein innerhalb einer Hülle, die der Erwachsene schaffen muß, aber eben nicht in dem äußeren, physischen Sinne. Und darin besteht die ganze Kunst. Wenn man sich die Frage stellt, was ist eigentlich die Hauptqualität der Wirksamkeit des Ich, dann kann man bemerken: Sie ist das ganze Leben lang vorhanden. Sie ist am stärksten nach der Geburt und wird dann etwas schwächer, kommt aber durch den Impuls der

Pubertät wieder stärker zum Ausdruck. Sie ist eigentlich Veränderungswille, Wille zur Selbstverwandlung.

Der ganze Mensch, der ganze Jugendliche sagt: Ich will nicht so bleiben, wie ich jetzt bin, auf gar keinen Fall! Nun wird das natürlich sehr häufig auf das Äußere projiziert: Diese Pickel müssen verschwinden, ich habe schreckliche Haare, und dann schminkt man sich. Das sind ja nur Ersatzhandlungen für den Willen: Ich will ich werden, ich will in die Eigentätigkeit kommen, ich muß mich selber verändern, und dadurch werde ich überhaupt erst ich. Wenn man das entsprechend der Geburt des physischen Leibes durchführt – es würde hier den Rahmen sprengen, das im einzelnen aufzuzeigen –, dann bemerkt man ein neues Sich-Aufrichten, ein neues Sprechenlernen, ein neues Denkenlernen auf einer höheren Stufe, ferner die Überwindung der Rachitis, aber jetzt der seelischen Rachitis. Edwin Hübner hat das in seinem Buch *Drogen verstehen – Kinder lieben – Erziehung wagen* (Stuttgart 1996), das ich sehr empfehlen möchte, schön gezeigt. Dazu gehören auch die latenten Fragen, die Rudolf Steiner ja schon nennt.

Idealismus oder Verspießerung?

Um drei Grundfragen geht es: Was bin ich? Da ist die Suche nach dem Ich in der existentiellen Frage: Was ist das eigentlich, was da in mir ist? Es ist die Suche nach der eigenen Identität, die Suche nach der verborgenen höheren Freiheit. Die zweite Frage lautet: Wie oder wo finde ich den Mitmenschen? Es ist die Suche nach der Gemeinschaft. Die verborgene Liebe, die eben oft nur leiblich gesehen wird, die Hingabefähigkeit, Liebefähigkeit, ist aber grundsätzlich da. Wo ist der andere? Es gibt einen sehr schönen Satz, den Martin Buber geprägt hat in seinem Büchlein *Ich und Du* (Heidelberg 1966), der heißt: «Ich-werdend spreche ich: Du.» Ich entdecke das Göttliche im anderen, das Geheimnis in mir. Die Suche nach dem anderen, die Suche natürlich nach der Gemeinschaft, die Überwindung der Blutsgemeinschaft durch die Wahlgemeinschaft ist ein Motiv, das ganz stark bei den Fünfzehn-, Sechzehn-, Siebzehnjährigen lebt. Als letztes wirkt die dritte latente Frage, existentiell oft unausgesprochen: Wo ist meine Aufgabe? Was habe ich in der Welt zu tun, nicht nur äußerlich berufstätig, sondern: Was ist mein Schicksalsauftrag? Das ist, was gerade im ersten Mondknoten zwischen dem 18. und 19. Lebensjahr häufig eine existentielle Antwort finden kann, dieses unmittelbare: Ich bin ein Ich, und ich habe etwas auf der Erde zu wirken.

Man kann also sagen: Der ganze Aufruf des Jugendlichen ist ein Aufruf an die Erwachsenen, das Spießertum in sich selber in jeder Beziehung zu überwinden. Der Spießer, der Bürger, möchte ja, daß alles gleich bleibt. Der Besitzstand muß gewahrt, höchstens noch etwas arrondiert werden, aber grundsätzlich gilt, wenn man etwas hat, dann muß man es bewahren. Das ist nun ganz genau das, was dieser Jugendliche nicht will, er will sich ja eben verändern. Es muß alles anders werden: Das ist die Grundmaxime des Jugendlichen. Er ist der geborene Rebell und Revolutionär. Und deswegen ist natürlich das Bürgertum, das Bürgerliche das Schlimmste in bezug auf das sich entwickelnde Ich. Deswegen ist so eine Einrichtung wie die ganzen Examina, das ganze Examenswesen, wie es heute ausgeprägt und ausgebreitet ist, das Schlimmste, was es überhaupt gibt. Man lernt, damit man die Prüfung besteht. Das ist ja genau das Gegenteil der Eigentätigkeit. Gerade in dem Alter, wo dieser Trieb am stärksten ist: Es muß alles anders werden, und ich muß mich selber finden und selber bestimmen, gerade in diesem Alter herrscht die stärkste Fremdbestimmung durch etwas, was ich lerne, damit ich die Prüfung bestehe, nicht weil es mich interessiert. Denn man kann sich gar nicht für das alles interessieren. Man hätte nicht die Zeit dafür. Das sind ja bekannte Phänomene, die vielfach untersucht sind.

Was heißt denn nun «Hilfe zur Skelettbildung im Seelisch-Geistigen»? Es geht um das, was Ich-Qualität hat, was anregt zu einer Selbsttätigkeit, so daß diese Sehnsucht nach dem Ich tatsächlich befriedigt werden kann, Stufe für Stufe. Dazu gehört ganz sicher einmal als das Elementare der Idealismus; aber ein so verstandener Idealismus, daß es Ideen gibt, die wirklich geliebt werden und für die man sich einsetzen will. Das ist natürlich in erster Linie eine Erfahrung, die der Jugendliche in seiner Umgebung machen muß, daß Menschen solche Ideale haben. Jetzt sind wir wieder beim Anti-Idealismus, bei dem Spießer. Es ist das Kennzeichen, daß der Spießer gerade das nicht hat. Es gibt natürlich schon Sonntagsideale, Phrasen-Ideale, aber nicht Ideale, für die er die eigene Existenz einsetzen würde, um etwas zu verändern. Die Verbindlichkeit, das Unbedingte im Denken ist ja das, was gerade der Jugendliche noch nicht hat. Er kann glühen, er hat die Begeisterung, aber er hat nicht die Fähigkeit, diese Ideale schon selber zu verwirklichen. Dazu muß er angeregt werden. Das ist einmal eine Grundhaltung, man könnte sagen, die geistige Ernährung durch Ideale, und zwar Ideale im Kleinen, nicht im Großen. Denn die großen Ideale haben meistens den Phrasen-Charakter: Wir wollen alle frei sein. Und wir wollen, daß die Not auf der Welt verschwindet. Das ist doch klar. Niemand will diese armen Leute, die Ghettos, es muß etwas passieren. Wir sind alle gegen Drogen, natürlich. Aber das sind Proklamationen, das sind nicht Ideale.

Vom Ideal zur Willensschulung

Ideale werden es erst dann, wenn täglich etwas eingesetzt wird. Und da kommen wir auf eine tiefe Qualität des Übens, der Willensschulung, nämlich bewußtes, wiederholentliches Tun aus einem Zielgedanken: Ich will es, und deswegen wiederhole ich es. Es braucht zwar jedesmal eine Überwindung, aber diese Überwindung leiste ich, weil das Ziel stark ist. Wiederholentliches Tun ist das beste Erziehungsmittel wohl gerade in diesem Alter. Das hätte, man muß da leider im Konjunktiv sprechen, die Konsequenz, daß die Oberstufen völlig umstrukturiert werden müßten, auch die meisten Waldorfschul-Oberstufen. Das, was am meisten den Willen schult, ist die Arbeit mit den Händen, das wiederholentliche Tun mit den Händen, Handwerk, Gartenbau, Landwirtschaft, industrielle Fertigung, Kunsthandwerk, Kochen, Sozialarbeit mit regelmäßigen Tätigkeiten. Wir leben in einer Zeit, in der die natürliche körperliche Betätigung durch die Maschinen ganz stark zurückgegangen ist. Im Gefolge dieser Tatsache haben wir eine der Ursachen für die gegenwärtige Willensschwäche, weil das Organ des Willens, nämlich die Muskeln, die Gliedmaßen, gar nicht eingesetzt werden müssen. Man hat dann das karikaturhafte Bild des Kopfmenschen, der vor dem Bildschirm sitzt, und des Sportlers, des Fitneß-Trainers, der seine Gliedmaßen bewegt, und die Mitte fehlt, die sinnvolle Bewegung, nämlich die soziale, wirksame Bewegung als ein Hinführen zur Arbeit. Man kann nicht genug betonen, wie wichtig solche Versuche sind wie die in dem 1996 erschienenen Buch von Klaus Fintelmann, Peter Happel, Cornelia Mattern und Werner Spies, *Bilder einer anderen Schule* (Essen 1996), geschilderten. Es gibt mittlerweile etwa zwanzig solcher Schulen in der Bundesrepublik, wo Arbeit schon von der Unterstufe an integriert ist, aber nicht im Sinne von Erwerb, sondern im Sinne eines zielbezogenen Hineinwirkens ins Soziale, in das wiederholentliche Tun um eines Zieles willen. Man darf auch auf einige Initiativen hinweisen, die in der Schweiz in Entwicklung sind. Die Schule „Jura Südfuss" in der Schweiz ist so eine Initiative, ferner „Schule und Beruf" in Basel, wo es mindestens von der zehnten Klasse an eine Durchmischung von Arbeit in Betrieben und Schule gibt. Es sind einzelne Pioniere, aber insgesamt ist das Bewußtsein von der Bedeutung der Arbeit, der Bedeutung von sinnvoller Bewegung noch völlig unentwickelt.

Man hat dabei Verantwortung für das, was man tut, und die Korrektur kommt vom Werkstück selber. Es ist heilsam, wenn man etwa falsch gemessen hat und es paßt einfach nicht zusammen, daß man von der Natur her, von der Wirklichkeit korrigiert wird. Der Stuhl steht einfach schief, wenn man falsch gemessen hat. Darauf beruht die erziehende Wirkung.

Ein anderer Bereich, den ich gerne noch ansprechen möchte, der mit diesem Ideal im Kleinen zusammenhängt, sind seelenhygienische Übungen. Ich bin überzeugt, daß man gerade an der Oberstufe viel mehr Anregungen für Selbsterziehung geben sollte, natürlich immer im Bereich der Freiheit. Ich will dies an einem konkreten Beispiel zeigen. Man sagt: Mal sehen, wer das zustande bringt, immer Punkt sechs Uhr zu beobachten, was gerade in der Umgebung stattfindet, und das zu notieren. Nach einer Woche fragt man: Wer hat das gemacht? Einer steht auf und beschreibt: Ja, fünf vor habe ich noch daran gedacht, dann habe ich es plötzlich vergessen. Andere schildern andere Erfahrungen – positive und negative. Mal schauen, wer es nächste Woche gemacht hat. Diejenigen, die es schon zustande gebracht haben, können sich dann die Zeit selber wählen. Das bedeutet dann für den Schüler: Ich probiere, was ich selber kann. Ich schaue mal, wie ich meine Fähigkeiten steigern kann. Es ist etwas, was ich selber frei bestimme, das ist natürlich ganz wesentlich bei diesem Anregen, übungsmäßig an der eigenen Seelenhygiene zu arbeiten.

Ich hatte einmal einen Schüler, der drogengefährdet war und mir in einem Gespräch sagte: Herr Zimmermann, ich weiß genau, was ich tun müßte, aber ich habe keinen Willen. Können Sie mir helfen? Dann habe ich gesagt: Das geht, aber wir müssen Geduld haben, und du mußt das wollen. Wir haben dann einen Plan gemacht. Es hat sich gezeigt, das Wirksamste war – und das zeigt dann auch noch ein anderes Motiv –, daß ich ihm vorgeschlagen habe, bestimmte Formenzeichnungen zu machen, also künstlerische Übungen, und mir die immer eine halbe Stunde vor Unterrichtsbeginn am Morgen zu zeigen und mit mir zu besprechen. Ich zeigte ihm dann die nächsten. Das bedeutete also, daß er früher aufstehen mußte, als er das gewohnt war. Das ist wahrscheinlich der größte Entscheid des Ich, sich am Morgen aus dem Bett zu erheben. Und wenn das eine halbe Stunde früher geschehen ist, dann ist das allein schon eine ganz starke Willensübung. Es war am Anfang auch schwierig, es ging nicht immer, plötzlich kam er dann nicht: Er konnte einfach nicht, aber am nächsten Morgen ging es wieder. Das Beispiel zeigt aber, das kann man natürlich nicht mit sechsunddreißig Jugendlichen machen. Individualisierung herrscht in einem viel größeren Maß als früher. Ich konnte in der ganzen Schulzeit, die ich absolviert habe, und jetzt in der Beobachtung der Schüler, die zu den Jugendtagungen kommen, feststellen, daß in den letzten zwanzig Jahren eine ganz markante Zunahme des Bedürfnisses nach individueller Beziehung entstanden ist. Man kann nicht mehr die Gruppendinge machen, es muß individualisiert werden. Es muß eine ganz klare Beziehung aufgebaut werden, eine Akzeptanz von dem Jugendlichen, und umgekehrt natürlich von dem Erziehenden, von dem Erwachsenen, eine Gegenseitigkeit. Und es ist ganz klar, man muß selber dann auch früher aufstehen. Man kann auch nicht so eine Übung anregen: Beobachte jeden Tag etwas, und dann sagen: ich habe das nicht gemacht. Das ist für den Schüler schon reizvoll, für den Lehrer nicht unbedingt. Man muß die Ehrlichkeit haben zu sagen, es ist mir leider auch nur dreimal gelungen und nicht sechs- oder siebenmal. Die Gegenseitigkeit ist ein ganz wesentliches Element für dieses Alter, auch im Sinne der Sehnsucht nach dem Du, der Sehnsucht nach der Beziehung. Ich bin der Überzeugung, daß die beste Drogenprophylaxe im Jugendalter darin besteht, daß es schicksalsmäßig möglich ist, eine solche intensive Beziehung zu einem Erwachsenen zustande zu bringen, und zwar individuell. Ich meine, heute müßte sich jedes Oberstufenkollegium die Frage stellen: Hat jede Schülerin und jeder Schüler einen Menschen, der wirklich Ich-Qualitäten selber ausstrahlt und wo eine solche Gegenseitigkeit stattfindet?

Eine weitere Prophylaxe im weitesten Sinne besteht in folgendem: dem Aufhören des Gegensatzes von Schule und privater Freizeit. Darauf wurde früher sehr stark Wert gelegt. Man kennt ja die Heimsituationen, wenn der Lehrer dann auch noch in der Freizeit ständig den Kopf ins Zimmer hineinsteckt. Das reicht dem Jugendlichen, das kann man gut verstehen. Ich meine das jetzt ganz anders, und ich meine das speziell für das Jugendalter.

Schule als Lebensraum:
Zur Bedeutung der Kunst

Wenn der Jugendliche das Gefühl hat: Nach der Schule ist der Lehrer Privatperson, dann wird nie eine solche Beziehung aufgebaut werden können. Die Verbindlichkeit muß wirklich lebensmäßig sein. Man könnte das so formulieren: Die Schule muß zum Lebensraum werden. Das hat auch Edwin Hübner in seinem Buch *Drogen verstehen* sehr schön dargestellt. Der Einsatz – das ist die Erfahrung, die jeder macht, der das versucht hat, – ist nicht der Vierundzwanzigstunden-Opferdienst, der ja in allen therapeutischen und erzieherischen Einrichtungen berüchtigt ist. Man kann die Erfahrung machen, wenn diese Beziehung echt ist – und man kann nicht beliebig viele Beziehungen aufbauen, darüber muß man sich ganz klar sein –, wenn sie verbindlich ist, ist sie immer gegenseitig. Man lernt und profitiert genauso viel vom anderen; doch wenn man meint, es sei eine Einbahnstraße, dann ist man furchtbar müde, dann hat man das Gefühl: ich gebe, ich gebe und ich gebe. Man kann aber die Beobachtung machen, daß unglaublich viele Anregungen zur eigenen Ichstärkung gerade durch diese Aufgabe zurückkommen. Dieses Unbedingte oder dieses Verbindliche in der Beziehung, meine ich, ist angesagt.

Das weiß jeder, der schon irgendwelche Projekte durchgeführt hat, zum Beispiel ein Schauspiel. Da wird eine Gemeinschaft geschmiedet, man hat das gemeinsame Ziel, da hört im Grunde genommen das übliche Rollenverhalten Lehrer-Schüler auf. Ich halte das Schauspiel für etwas ganz Wesentliches für die Prävention der Willensschwäche oder für die Förderung der Ich-Qualität unter der Bedingung, daß es qualitativ gut ist. Ich meine nicht einfach das Schauspielern von irgend etwas, ich meine, da muß die künstlerische Qualität garantiert sein, da muß der Lehrer auch etwas vom Handwerk verstehen, er muß sich kundig machen. Wenn das der Fall ist, dann kann man die Beobachtung machen, daß es eines der hilfreichsten Mittel ist, um die

Straffung, die Skelettbildung in der rechten Weise anzuregen. Man will ja die ganze Zeit eine Rolle, und man spielt sie auch fortwährend. Fragt sich nur, welche? Wenn nun diese Rolle künstlerisch kultiviert wird, wenn man in das andere hineinschlüpfen kann, ist das ja wieder nichts anderes als die Hingabefähigkeit dieses Alters. Es gibt kein Alter, das für das Dramatische so geeignet ist wie gerade das dritte Jahrsiebt. Nur eine gewisse minimale Professionalität, in gutem Sinne Professionalität, ist da gefragt, und natürlich die Qualität des Stückes, das gespielt wird.

Man kann grundsätzlich sagen: Die Kunst ist das Element, das die Aufrichtekraft, diese Ich-Qualität und Skelettbildung hat, insofern die Kunst etwas ist, zu dem man hinaufblicken kann. Kunst ist etwas, das man durch das wiederholte, bewußte Tun erüben muß, was also willensstärkend ist. Die Kunst ist immer das Element, das einen frei macht, sie vermittelt das Gefühl der Freiheit, das Element also, das ich am Anfang angesprochen habe.

Das Verhältnis zur eigenen Leiblichkeit wird in diesem Lebensalter besonders in Frage gestellt und führt oft zur Drogenabhängigkeit. Was ist eigentlich mit diesem Leib, fragt sich der Jugendliche, Wie kann ich mich da orientieren? Da gibt es verschiedene Extreme: Ablehnung, sehr häufig bei Mädchen, oder Drangsaliertwerden im Sinne einer übermächtigen Sexualität, Sichgehenlassen, die Maßlosigkeit. Und wenn man dabei wieder auf die Kunst sieht – jetzt die bildende Kunst, Plastizieren und Kunstbetrachtung –, was bedeutet der schöne Leib, der durch den Künstler erhobene Leib, den man jetzt ohne Scham anschauen darf, weil er eben durch den Kunstprozeß erhoben ist aus dem bloß Leiblichen in ein Ideales, dann kann man sagen: Das ist die beste Methode, um ein Gefühl für das Höhere zu entwickeln, Kunst also in diesem Sinn – bildende Kunst, Kunstbetrachtung, Kunstreisen zum Beispiel – als etwas, das wiederum die verwandelnde Ich-Qualität hat.

Ich möchte meine Darstellung mit einem Gedanken abschließen, der sehr schwierig zu verwirklichen ist, der aber die entscheidende Voraussetzung für die Befriedigung dieser Ich-Sehnsucht des Jugendlichen ist. Wenn der Jugendliche gesund zu seinem Ich sich entwickeln soll, dann kann er das nur in einer Umgebung, die er bejahen kann. Das ist wahrscheinlich das Allerschwerste und auch das Allerwichtigste. Ich möchte es in die Frage kleiden: Wie können wir durch unsere eigene Haltung dem Jugendlichen vorleben, daß man in dieser Welt, so wie sie jetzt ist, zupacken kann? Wie kann man ein positives Verhältnis zu dieser Welt vermitteln? Man kann ja nur das verändern, was man grundsätzlich akzeptiert. Wenn ich also so herumgehe, daß ich selber die Hoffnung verliere, ist das ja fürchterlich. Wenn man in der Zeitung Horrormeldungen liest, die Welt ist böse, ist schlecht, die ganze Umwelt ist versaut, Krise, Sozialverfall, ist alles negativ. Ob man das sagt oder nicht, auch wenn man es denkt, es ist Pessimismus. Man muß sich fragen: Was gibt einem die Kraft zur Positivität? Ich meine, daß das eines der Kardinalprobleme in jeglicher Erziehung, in jeglicher Therapie ist: Wofür denn das alles, wenn es in einer Welt geschieht, die des Teufels ist? Muß man sich in ein Ghetto zurückziehen? Wir kommen auf dieses Problem: Anpassung oder Ghetto. Hier sind wir weit weg von diesen sträflichen Dingen, hier haben wir es gut, das ist ein Schutz! Anpassung bedeutet: Wir machen es so wie alle anderen, wie das Bürgertum. Wie können wir eine eigene Haltung gewinnen?

Und da muß sich entscheiden, ob wir es selber mit Idealen ernst nehmen. Haben wir selber die Gewißheit, daß wir sehen: Diese Schatten sind ja nur das Gegenbild eines Lichtes. Haben wir die Gewißheit, wenn wir wirklich Schritte in der Ich-Entwicklung machen, daß wir dann mit Instanzen in Berührung kommen, die uns Mut und Kraft geben? Das kann man nicht predigen, das kann man nur tun. Ich meine aber, das ist ein Entscheidendes für den Erfolg oder Mißerfolg jeder Erziehung, ob man an diesen Punkt kommt, wo man wirklich an das Entwicklungswesen Mensch und an die Freiheit mit Begeisterung denken kann und nicht mit Grauen an die Konsequenzen, die die damit notwendig verbundene Begegnung mit dem Bösen haben kann.

Literaturhinweise im Text

Karl Philipp Moritz
«GNOTHI SAUTON
oder Magazin zur Erfahrungsseelenkunde»
in: *Werke*, Band 3,
Frankfurt 1981

Edwin Hübner
Drogen verstehen – Kinder lieben – Erziehung wagen
Stuttgart 1996

Martin Buber
Ich und Du
Heidelberg 1966

Klaus Fintelmann, Peter Happel, Cornelia Mattern, Werner Spies,
Bilder einer anderen Schule
Essen 1996

Dr. Heinz Zimmermann

*1937 in Basel. Besuch der Rudolf Steiner Schule. Studium der Germanistik, Geschichte und Altphilologie an der Universität Basel; Dissertation „Zu einer Typologie des spontanen Gesprächs". 1965/66 am Goethe-Institut in Finnland. Assistent, später Lektor für deutsche Sprachwissenschaft an der Universität Basel. 25 Jahre Lehrer an der Rudolf Steiner Schule Basel für Deutsch, Geschichte, Kunstgeschichte, Latein. Ab 1975 Mitwirkung am Rudolf Steiner-Lehrerseminar in Dornach. 1988 Berufung in den Vorstand der Allgemeinen Anthroposophischen Gesellschaft. 1989 bis 2001 Leitung der Pädagogischen Sektion, 1992 bis 1999 Leitung der Sektion für das Geistesstreben der Jugend. Verantwortlich für das *Grundstudium der Anthroposophie* und das Freie Studium am Goetheanum.

Weitere Veröffentlichungen von Heinz Zimmermann

Sprechen, Zuhören, Verstehen in Erkenntnis- und Entscheidungsprozessen,
Verlag Freies Geistesleben, Stuttgart 1991, 4. Auflage 1997.

Vom Sprachverlust zur neuen Bilderwelt des Wortes,
Verlag am Goetheanum, Dornach 1995.

Grammatik – Spiel von Bewegung und Form,
Verlag am Goetheanum, Dornach 1997.

Von den Auftriebskräften in der Erziehung, (Hg.)
Verlag am Goetheanum, Dornach 1997.

Reinkarnation und Karma in der Erziehung, (Hg.)
Verlag am Goetheanum, Dornach 1998.

Anthroposophie studieren,
Verlag am Goetheanum, Dornach 1998.

Chiffren des 20. Jahrhunderts, (Hg.),
Verlag Freies Geistesleben, Stuttgart 2000.

„Das Studium der Geisteswissenschaft als Voraussetzung
für Forschung auf geistigem Felde",
in: *Grenzen erweitern – Wirklichkeit erfahren.
Perspektiven anthroposophischer Forschung,*
hg. von Karl-Martin Dietz und Barbara Messmer,
Verlag Freies Geistesleben, Stuttgart 1998.

Die Kunst des Gesprächs. Vom Reden und vom Schweigen,
Verein für Anthroposophisches Heilwesen, Bad Liebenzell 1999.

Kreative Gemeinschaftsbildung heute,
Schriftenreihe GESUNDHEITSPFLEGE initiativ,
Band 18, Esslingen 1998.

Jugend und Gewalt,
Schriftenreihe GESUNDHEITSPFLEGE initiativ,
Band 23, Esslingen 1999.

Literatur zum Thema
im MENON Verlag

Peter M. Weiß
*Vom Umgang mit dem Denken oder
Wie man das Denken zum Freund und Helfer gewinnt.*
2001, 59 S.

Karl-Martin Dietz
Dialog – Die Kunst der Zusammenarbeit
2001, 136 S.

Karl-Martin Dietz
Waldorfpädagogik am Ende des 20. Jahrhunderts
1995, 25 S.

Unser vollständiges Verlagsprogramm finden Sie unter
www.hardenberginstitut.de

MENON Verlag
im Friedrich von Hardenberg Institut e.V.
Hauptstraße 59, 69117 Heidelberg
Telefon 06221-21350, Telefax -21640
email: menon-verlag@hardenberginstitut.de